植物塔羅指南

目錄

大馬士革玫瑰：婊子能量

大馬士革玫瑰又辣又美。像妳，一個天生自信的婊子。

那是從保加利亞玫瑰谷綻放的，五月露水盈滿整座谷地，妳盛開在最好的初夏裡。巴爾幹半島煙硝四起，妳的姿態是 Who Cares，自古代以來，每到五月，妳就盛開。重瓣是妳魅惑的身軀，妳是多層次的婊子，淡粉色勾引那些尋色而來的採花者，他們潛入谷地只為了尋找妳，接進妳。但敞開的花形，細緻的花蕊，底下卻是耐寒的基調，妳之所以美麗與勇敢，是因為妳底氣足夠堅強。

高海拔的谷地孕育了妳，每當落葉再生，簇葉灰綠挺起，終於妳摘下面具，看向發亮的大地，以柔和之姿取悅自己，同時勾引著迷糊旅人。他們愛妳，但靠近妳，濃郁辛辣的香氣，卻不是人人能夠品味。婊子，妳只有無懼地綻放自己，選擇做一個最獨特的玫瑰女神，妳所選中的願者才會上鉤。

記住，妳是女王，也可以做自己想成為的自信婊子。妳是愛與自信集合而成的大馬士革玫瑰。妳要的，不一定有投緣手法，有能力摘下妳。若妳情願被取下，卻沒被好好珍惜，婊子，那種爛貨，我們可以不要，妳還將會再盛開再玫瑰谷，愈冷的氣候，愈潮濕的日子，都會促使你用閃動的露水接住自己，用源源不絕的能量閃耀開綻。

記住，大馬士革玫瑰，是愛與對自己的信任，擊倒的自信，就是妳辣又美，存在的意義。

橙花・・貴族公主

清新是想到妳的第一個形容詞，優柔也是，又或是淡而雅，明亮而乾淨。妳是雪白的貴族公主，妳是苦橙樹上，一朵朵高貴的白色小花。

蒸餾過的味道，會是柔嫩的，如果形容起來的話，就是一種平衡的味道，像是在荒島上的午後，飄落過來的花瓣輕輕蓋在眼皮上，又飄走了。又像是荒島上妳睜開眼睛，眼前有一抹綠意，接近時才發現是帶有水感的一小片清澈的湖泊。就向湖泊裡的水，妳輕輕掉落在水面上，激起了一點漣漪，又安靜下去了，那是因為妳專注保持平衡，妳會以優雅的姿態示人。

優雅是一種若即若離的狀態，但卻一樣富有個性。微翹的短髮，勾著一個小小的天平，側身面對世界。剪乾淨且塗上紅色指甲油的指甲，還有相同的口紅顏色，或許妳並不喜歡轉過來，炙熱的互動或講話，你是貴族公主，你以柔軟的姿態，尋找自己的平衡。

妳要的關係是平衡的關係，若冷熱不均，不妨隔一點距離，像是讓人眼睛睜開時，不能一眼看穿你一樣。現在，你正在自己的城堡裡，城堡不高，打開窗，輕輕伸長手就能觸及苦橙樹，妳聞聞手臂，有一種中和的味道，那是在說，先投資自己，妳可以在城堡裡看整天的書，也可以走下階梯，推開木門進到庭院，用透明且輕盈的能量澆灌自己。

澆灌後的妳，有著獨有，淡然且優雅的香氣。

花梨木‧溫柔溝通

花梨木是有著花香味的木頭，又稱玫瑰木，模樣陽剛，英文卻是浪漫的Rosewood。

你湊近聞一聞，有沒有聞到木頭的清香，又有撫慰的花香，十分神奇，一株植物竟然有兩種交織的味道，像是內心戲，一個身體裡有陰陽兩面在互相說話，尋找一種平衡。

或許現階段，你跟對方也正上演著內心戲，蝴蝶明明在你們身邊飛舞，拍拍他小巧而亮麗的翅膀，緩緩畫出引導你們溝通的軌跡。你們卻看不見蝴蝶，聽不見彼此。你猜想他的話是不是話中有話。他想著你的已讀不回是不是別有解讀。你總希望他成為某種模樣，而他也想像你會了解他的感受。

不如復古一點，花梨木的香味是一種調和的味道，能夠滋潤你們卡住的發聲方式，以及老式電話數字轉盤。聞一聞花梨木製成的矮茶几，現在你可以一個數字，一個數子，仔細轉動，同時想著你深沉的貼心該如何表達出來。你也可以像小時候拿著毛線黏著紙杯底端。遞過去，接通後不要安靜，試著發出聲音，講些悄悄話，另一頭的他正聽著。

你們講完話，放下話筒與紙杯，蝴蝶正飛舞，你們可以看像彼此，牽起手來跳舞。

窗外的綠意與繁花正盛開著，到處是一種生命的氣息。

和解以後，抱緊彼此，像花梨木緊密交織的味道，表達上雖然仍會有些木訥，但散發的體貼餘味從未隱藏。

我和你要一起，好好的。

葡萄柚：豐盛果園

葡萄柚通常三月開花，在約十米高的喬木上，一朵一朵花苞從綠葉串出來，每到開花時刻，一叢又一叢花串，七八朵白花竄出來盛開，味道清雅又芳香。

葡萄柚開花的季節總是春季，梅雨卻還未下下來。充足的陽光灑落下來，喚醒了夢裡夢見的男孩，你爬起來，惺忪與眼前的他對望，再睡一下吧。白花花瓣落在潔白的床單與被子上，你們勾著腳趾，在溫暖的床底擁抱。

拿坡里，或是西西里島巴勒莫的港口，你們正值適合一起旅行的年紀，傻裡傻氣的男孩弄掉了前往羅馬的車票，就算了。在海邊走一走，路上的樹結滿檸檬與葡萄柚。白花落盡，義大利的春天是和奔跑，你們在高高低低的城市裡，笑著鬧著。

吃一球開心果冰淇淋，或是方方特製的仙女煙花義大利麵，即使不在義大利，規律的跳舞，上健身房，或是參加一起約好挑戰的半馬，記得，現在的你正在最好的年紀，酸酸甜甜的年紀，你要思考你身邊所有的擁有。活得好一點，吃的開心一點，還有多睡一點，偶爾存一些錢，為未來的玩樂做規劃。現在的你正好，像葡萄柚一樣，花朵清香果實飽滿。

願你總是那麼認真的對待生活，以及不時在當下思考與收納生活的各種關聯，你本身就是一座結實纍纍的果園，收穫吧，從你的餐盤裡長出富足的心靈。

杜松：水的啟示

杜松的枝條與葉能在春夏與初秋採收，中古世紀，法國的醫院會燃燒枝條來清潔殺菌與驅除令人生病的環境，而到秋分時刻，也能收獲杜松的果實。杜松漿果，又名杜松子，味道有松的冷冽，也有果香的清甜，不僅是有名琴酒的釀造原料，也能淨化憤怒的心緒。杜松最大的功效是淨化，清甜又微涼，或許帶點苦。但是時候，接受情緒的各種變化，難過的時候最好哭，讓眼淚出來。在悲傷的情境突然想笑的時候，就笑，笑出聲音來。

杜松另一個強大的功用是排水，讓心中累積不滿的腹水放出來，水可以洗淨人們的哀傷，讓情緒流洩出來。

人生不用慌慌張張，泡泡溫泉，或到山裡面看瀑布，假想自己是修道的人士，閉起眼睛，瀑布從上流洩下來，妳正在鍛鍊自己的心智。假日的時候可以自己開車到海邊，或泳池也好，找到有水的地方，換上讓妳舒服自在的泳衣，閉起眼睛十秒，感受自己是從水裡來，感受被愛和關心，在媽媽溫暖的子宮裡飄浮，與水的流動與靜止連結。

愛情或許不盡人意，但每個片刻的感受，都讓自己像水一樣流動。妳是自己的水龍頭也是自己的杜松，可以決定排水與開水的時刻。事業上，像水一樣流動也是現在的妳適合的姿態，妳可以柔軟，但也必須堅持自己的價值，記住滴水可以穿石，累積都是有用的。

杜松有水的啟示，只要妳記得控制收放身體與身外的水分，妳就能安放妳的情緒。

大西洋雪松：金髮覺醒

覺醒吧，女人呀。

你看過一株勇敢的大西洋雪松嗎？他是生命之樹，具有勇氣與力量的常青樹種，原產在北非摩洛哥的阿特拉斯山上，或是阿爾及利亞的山坳間，只分布在 1370 至 2200 公尺的等高線裡，散法著迷人濃郁的樹香。

近千年，他總是佇立在人們身邊，用他沉穩的香味，安定人類的心靈。木材被古埃及人製作成樑木搭起聖殿，常民用來作為美容化妝的香料或是香油，聖經裡，古代人們裡記載著藥用功效，據說連大衛上戰場前，也需要大西洋雪松穩定心神的香味，儲備能量。生命走到盡頭，她化身為陪葬時，隨侍在旁的寧靜力量，讓木乃伊肉軀跨越到生命另個世界時，是安定而非慌張。

摩洛哥在過去便是大西洋，大西洋過去就是新大陸。在北非的山林上，他總是朝著陽光和天空的方向生長，接受自然的愧贈，開展枝枒。大航海時代都過多久了，達爾文或哥倫布都已經過時，現在妳的時代來臨，你不用侷限自己，遠眺不如起身冒險。

金髮的女人或黑髮的女人，收拾過去的晦暗。妳腳鍊上寫的 move on，手環上是 waking up，船上一箱箱雪松的木箱散發香甜氣味，在告訴妳，一切都不用煩惱。妳有高貴的心靈，堅毅的人格，向前走吧，女人。

遠處海岸波光粼粼，今天的妳不需要設限，只要沉穩發揮力量，展開妳的枝葉，迎向陽光生起的那片山頭。

絲柏：深度共鳴

絲柏擁有近似檜木的香味，但是更強烈更潮濕，若檜木是男人，絲柏更像女人。

樹形是圓柱或圓錐狀，從地上身長挺立至天空，可以長到30公尺高。絲柏是常綠針葉樹，幼小的時候，葉片是一支支針，長大後，卻會成為濃密的鱗狀十字對生樣貌，在南法鄉間，在印度泰姬瑪哈陵的皇宮，在雅典的神廟，從土耳其到耶路撒冷，絲柏總是列陣出現，指引妳前往或朝拜。

絲柏之所以在聖殿或陵墓間，是與死亡有關，也與重生有著強大的連結。特別是它存在一種，靜謐，永恆，凝歛的味道，妳湊近聞聞看，有一種強大的，集體協作的女人力量。絲柏的隱喻是悼念也是祝福，也象徵深度的理解與療癒，輕輕嗅聞，他帶給妳燭火般淡淡的溫暖，仔細端詳，他又像是女人的陰道，是時光經由的長廊，生命在此共振，彼此療癒。

有時候，女人的支持更為永恆。愛有多種詮釋的可能，絲柏要妳找到真正舒服的姿態，以及體諒與理解的共感。妳何不與她一起來場約會，拍拍美照，體驗頌砵音療與全身按摩，或是上一堂有意義的調香課，透過女性相互支持，成為更好與自在的妳。

人生是起滅，是毀滅與重生。挫折偶爾會有，但記得找到女性共榮圈的補給力量，接受現況的自己，勇敢踏上自己選擇的道路。妳是自己的女神，能打造自己的世界，也能分享妳的能量，給其他需要勇氣的女人。

絲柏充滿著女性的能量，抽到這一張牌，恭喜妳能拋開欺騙的花言巧語，毀滅過短過細的無謂呢喃。女人有女人的關係鏈，在其中重生，找到彼此的深度共鳴。

佛手柑：沙漠之春

佛手柑成熟後，心皮分離，就會把手放開。

佛手柑是枸櫞的變種，是古老的柑橘品種，植株強健，非常少病蟲害的困擾，只要種在排水良好，陽光充足的土地裡，即可以栽培出營養的果實。

雖然名為佛手柑有兩種，但常被誤會的其實是香檸，盛產於南義大利的卡拉布利亞半島上，果實的體型較小，且圓潤，而我們這裡的佛手柑，則生於中國與印度，形象像手，細長彎曲，常用於中藥調理。

佛手柑的味道層次細緻又多樣，而且活潑，樂觀。有時候，深陷現況裡頭，就像是在撒哈拉尋找出口。或許，放棄尋找，才能看見綠洲，這就是佛手柑的啟示，固執的念頭並不會讓自己獲得，要放開，接受生命陽光的一面，感受春天的召喚，與陽光下的快樂。

有時候，妳在愛情裡要評估這段關係帶給妳的價值，有沒有利大於弊，小鳥也能選擇要待在籠中陪伴同伴，或是飛離現況，出去旅行。妳可以放開手，也可以找到努力陪伴的價值，重點是，不管在任何情境中，都要快樂。

每一瞬間都是真實存在，每一秒都在人生的路上旅行，若正在衝刺事業的環節，放下包袱，努力，感受並記錄下來，每一瞬間都像佛手柑一樣樂觀放開心胸，不後悔的留下成長的軌跡，以及值得紀念的事件，才能感受近處的綠洲，沙漠下起雨，春天也正在降臨。

張開手迎著天空降下的太陽雨，活在當下的清淨快樂，絕對勝於苦找下一關的通關捷徑。

樺木：外星人

樺木是非常古老的樹。

據說，他們是在冰山退卻後，最早形成的樹種，可以顯示這種樹的質地與生命力有多頑強。更特別的是，樺木是只在北半球出現的溫帶樹種，現今，多見於美國與加拿大。他有一大特色是樹皮會剝落，木材的材質重且硬，古印地安人知道他的好，用它來做嬰兒的搖籃，用堅固陽剛的木頭包裹柔軟的新生命。

舊石器時代至中石器時代早期，白樺木已經被古代的尼安德塔人，透過蒸餾樹皮製成樺木焦油，它的色澤非常黑，非常man，味道也十分濃郁。在古代，樺木焦油已經是常民常用的黏著劑。在香水世界裡，他是調香的底調，帶來皮革，煙燻與焦油的質地。像是太空船飛上月球發出來的氣味，非常暗黑，讓人想抽菸。

那麼古老的樹，至今能廣泛受世界使用，製成香水與家具。而人類，在宇宙尺度卻是那麼渺小，一百年的生命能夠留下什麼呢。據說，一人有兩死，一是肉體解脫之死，另一種，是最後記得你的人終於也離開世上，你的存在才會消滅。或許人用短暫的一百年，發展了萬年的文明吧。

在愛裡，螢火蟲發亮交配完卻死去，卻點亮每個夏夜的星空。重點在質不在時間長短，在能守護彼此的範圍內，擦亮兩人的人生吧。人生不過宇宙一瞬，謹記自己雖然渺小，但懂得愛。

樺木是基底，是古老的植物活化石，願你事業都從每一件基本瑣事做好，宇宙能量或外星人會通過樺木，助你一臂之力。記得，沒有什麼是永恆，把握當下的愛，深愛，是唯一穿越時空的魔力。

印蒿・酒醉探戈

印蒿是矮小的草本植物，源長於南印度。小小的葉片上有蓬鬆的小黃花，果香味十足。印蒿被印度人用來祭拜濕婆神，濕婆神是宇宙與毀滅之神，掌管人的滅亡與再生。你去過恆河畔嗎？那個城市叫做瓦拉納西，一條河重拾沐浴新生以及送走生命，當下的你震撼，也想起令人懷念的幾個旅行片段。

年輕的你在布宜諾斯艾利斯的小酒館，微醺的狀態下，又有一個阿根廷男人邀請你喝酒跳舞，你搖搖頭，再喝一杯自己點的琴酒，然後走向前，找到自己今晚的獵物。你用媚眼勾住他的舞步，他用手摟住你的腰，節奏一下，你旋轉到他的懷裡，今晚一首舞曲的時間，讓你想你能有多高貴，你能多炙熱。

回到恆河畔，印蒿灑落在河岸與河底，寶萊塢遠在孟買，這裡的人卻照常跳舞。遠方有著一個打赤膊的男人走來，你想起阿根廷的夜裡，你發瘋的賀爾蒙縈繞在整座城市裡，沒有一個男人能擁有你，你的醉意至高無上，那個晚上，拋棄老套的關係，你擁有了前所未有的突破，以及自信。

拿出自信吧，女孩。不管事愛情，還是工作，你擁有絕對的選擇權，以及娛樂心態。你要對自己說不以及要，並且享受其中。人生是一場派對，記得保持探戈的熱情，以及微醺的慵懶，印蒿交疊著花香與果香，你會記得懷念過往，但你也可以開始新的關係練習。

薰衣草‧透明人

薰衣草是小小的草本灌木植物，多年生。從古希臘到古羅馬，薰衣草都跟洗澡息息相關，不管在大浴場或是鼠疫橫行期間，因為薰衣草有著透明的撫慰力量，總是悄悄撫平突來的憂愁與病患。薰衣草的屬名 Lavender 源於拉丁語的 Lavo，意思便是沐浴洗澡，用它獨特的香味，洗盡世界的憂傷與疲憊。

世界各地都有薰衣草，品中有 25-30 種不等，也有狹葉品種，與寬葉的差別。他迷人討喜的淡淡紫色，深受大家喜愛，突起的花和花蕾，可以製成香包與香水，對於防止蟲蛀與蚊蟲咬傷有極大的幫助。從北海道到法國普羅旺斯，我們隨處可見這個不搶眼，卻充滿功效與舒坦氣息的小巧植物。

像是透明人，帶著淡淡甜美花香，以及凝結雨後空氣的葉片，總是令人感到沒有拘束。你有多久，能沒有拘束的做自己想做的事呢，如果能像薰衣草一般透明，擁有一天隱形的機會，你會怎麼隱身來面對世界。或許你可以裸奔於大街上，或是探查過往的心結，也或許，你可以藉由暫時的消失，讓自己喘口氣。

沒有任何事物可以束縛你，愛情或親子關係裡，適度的讓自己暫緩休息，給自己一個午後的約會，來杯薰衣草茶放鬆身心。工作今天停止加班，下班後不讀群組，當個尊重自己的透明人，明天太陽如常升起。放輕鬆，沒有那麼多拘束與道理能夠綑綁你，擁抱透明，是現在的你最適合的生活方式。

墨水．．學校

古代的人家裡都會備硯台，磨墨寫詩。

墨將文人流轉的心緒，留了下來。或許更早以前，古代人常用石器或尖銳的金屬，在石壁上刻劃，或在石板上記載。但從墨誕生以來，多少有名的詩歌，以及文章，便流暢的寫了下來，留存至今。

墨是由碳非晶質的元素型態留存下來的，來源主要是煤煙或是松煙，而松煙是從富含油脂的松條與松枝燃燒而來，燃燒後，下一個步驟是熬膠，著重均勻以及剛好的黏稠度，接著經由杵、搗，成型，乾燥與描繪，就會形成我們看到的墨條。

松煙墨的的色澤是暗暗沒有光澤的霧黑色，黑的徹底。渲染在畫布上暈開，成了有層次與情感的山水畫。我們常常談到筆觸，就是一個人獨有風格灑散於畫布與紙頁上，便開始了。

你總有自己的風格以及格調。側耳傾聽你自己的聲音。或許太過安靜，還能聽到外頭蟋蟀以及豌豆彈開的聲響。但是，你聽，你的心早已有所嚮往。拿起筆來寫吧。把所有面對到的問題，用墨的濃淡表達出來。

因為只有寫了，人生的遞進才會被記錄下來。只有書寫，那些過去的回憶與感情才有投射與安放的地方，因為你只有將所有過去面臨的問題整理下來，你才能意識到，其實答案，都存在字裡行間的隱喻裡。

磨一磨墨，偷懶過後，不要在害怕，面對最好的方法，就是寫下來，迎向它。

海藻．．人魚

海藻固著在海底，或河床裡，種類繁多，是一種肉眼看得見的多細胞藻類生物。他們的葉子並不分化，沒有真正的根與莖，也沒有維管束組織。透過光合作用的帶動，來運作與產生力量。根狀固著器並無法吸收能量，大型海藻只用來將自己固定在海底，像是綠藻，紅藻以及褐藻。

若在淺水中，海藻常常緊密連成片，你或許聽過尼斯湖的水怪，或許他棲息在蘇格蘭尼斯湖的水底，躲藏在海藻中。那你聽過台灣島上的人魚嗎？他是達克拉哈，傳說棲息在日月潭裡面，是邵族的精靈。上班身是人，下班身是魚尾，還有烏溜的黑髮，延伸至後背，傳說之中，達克拉哈與邵族的居民和樂相處，有時候天氣好，還能看到人魚上岸梳頭髮或唱歌。有次，達克哈啦為了捍衛潭底的魚，故意弄壞邵族人的補筒與撈網，雖然發生了衝突，後來邵族人醒悟，因此與達克拉哈達成協議，訂定捕魚時間及製作浮嶼繁殖魚蝦，日月潭又恢復往昔的生態系。

現在的日月潭雖看不見達克拉哈的身影，或許他正躲在湖底，水藻之間休眠沉睡，一隻蝴蝶輕輕啄了水面，親吻達克哈拉，感謝他守護湖與水域，若你有想守護的人，或許要找到共處的和諧，不然就是靜靜陪伴，事情會往好的方向前進，工作上，與同事相處注意平衡，還要記得，每個人魚都有天生的尾鰭能夠游動，也能到岸上唱歌，人生可以像人魚一樣自由遨遊，也不要放棄發揮內在能量，去感動與幫助別人。

海藻會助你一臂之力，給你溫暖的河床與海床，以及躲藏棲息之處，等你準備好了，或是取得內在的平衡了，就現身吧。

桂花．巷弄書店

桂花是木樨科，小巧的常綠灌木或小喬木，葉子是對生型，而且橢圓的樣子很婉約，葉面光滑好摸，葉緣有鋸齒的形狀，在秋天時，桂花花朵盛開，簇擁生長於葉腋，較少見於西方，常見於中國西南部以及中部地區，還有分布於長江流域。

古代詩人會拿桂花來釀酒，燻茶，一邊創作，也會贈與桂花給欣賞的情人，表達愛意，或是君王間互相贈送，傳遞君子之交的情意。它的香味非常開朗，清晰，給人舒服的感覺，還有一點點雅緻，像讀書人，文人的書桌前種一株桂花，當靈感浩劫時，打開窗聞一聞，就能提神，並帶來更多的信心創作下去。

現代的知識份子，在衝刺事業時，也需要像桂花一樣的芳香，來消除心煩氣躁與快速變動的心情。桂花雖然濃郁，卻不刺鼻，屬於溫和的花。就像是你街角的那間書店，仍然讓你非常放送，一進去就想如廁，巷弄裡，你走進桂花樹下的書店，翻閱一本本電子書找不到的厚度與質感。

桌燈下，還在挑燈夜戰的你，記得開窗聞聞桂花香，放鬆舒眠，別太常熬夜，喜歡他，可以用信物暗示或是真摯的感情打動對方，要充滿自信，因為你開花的時候就像桂花一樣，爽朗而充滿溫和個性，會讓人不知不覺，想靠近你一點，別將你的魅力隱藏起來，就是現在，身為一個有智慧的知識人，是時候發揮出來了。

野薑花：古典脆弱

野薑花是多年生的草本植物，可以長到一到兩公尺高，野薑花地下的根莖塊，具有香味，型態像薑一樣，葉片細長似橢圓波針的模樣。花朵是白色的，更特別的是，野薑花是兩性花，野薑花的花瓣兩裂，展開三片假雄蕊瓣狀化，唯一的真雄蕊，與雌蕊合柱，孕育新生命。

野薑花總是在5–11月，不起眼的在小地方盛開，像是野地裡、山澗間，或是悠然地在水邊盛開，他的花蕊像是一隻準備翩翩起舞的白蝴蝶，又常被稱作蝴蝶花，更特別的是，他善於開花，卻鮮少結果，若能找到幾粒橘色果實，是非常難得的事情。

夜晚，野薑花旁，水邊的女人演奏憂傷的手風琴樂曲，細聽，好像是一首名為多瑙河之波的曲目，充滿了古典的脆弱，女人透過夜曲在想什麼呢？或許，只能透過她演奏的聲音，去判斷她纖細的情緒。

野薑花的花語是力量與安靜，或許，此刻的她，只需要有一整個無光害的星空投影在水面上，還有夜鶯在晚上與她協奏，就足以讓她釋放情緒，排解憂傷。野薑花的香味能夠紓解壓力，調節內在能量，與消除疲勞。

若你需要整理你的情緒，暫時放下他人演奏自己的曲子，也不錯。工作事務繁多，晚上就是自己的休息時間，洗把臉，透過水面看清楚一點自己疲憊的臉龐，然後聞一聞野薑花，給自己一點力量，人生是一首又一首獨奏曲，雖然偶爾會有人前來合奏，但永遠要堅定自己的節奏，以及顧慮自己的感受。

鳶尾：貴婦粉底

鳶尾花非常地美，但香氣的精華在根，又稱作鳶頭。

每當春夏，鳶尾會開花，法文中的Orris，意旨碩大美麗的花朵，在更古早的希臘文原意裡，他是彩虹的意思，屬於多年生的宿根性草本植物，常作為庭園裡，成片種植的地被植物。由於鳶尾花的氣質高雅殊勝，纖細優雅，三朵花瓣用柔順弧度拱起保衛中間的花心，且顏色多彩豐富，是帶有粉感與高貴氣質的花卉。

鳶尾至十二世紀以來，就常出現在法國皇室與宮廷的勳章與圖騰裡面，路易七世當時更進一步將鳶尾作為法國國花，路易九世將鳶尾視為三位一體表徵，也常被視為聖母瑪利亞得純潔的象徵，在希臘故事裡，鳶尾是彩虹女神愛的使者的角色，連結天神與凡人。鳶尾自古以來，就充滿多重的隱喻與意義。

直到現在，法國人仍會將已生長三到五年，鳶尾花的地下根，用手工刨皮方式，發揮鳶尾的香氣，製成調香的原料。也能做成珠子串手鍊，甚至讓嬰兒咬著手鍊止癢。因為鳶尾有著高貴的氣質，也不是常見於市面的香氣選擇，因此受到貴婦青睞。

鳶尾花可以說是撲面的美麗粉底，但真正高貴的是根。重點是你的核心，若你有足夠的自信與底氣，貴婦的氣場就不怕人的揶揄，或愛情的傷害。貴婦的姿態優雅，但同時具有內涵，人生是一場投資，好好將養分深入內心，才會開出漂亮的鳶尾花蕊。

麝香．．小兔湯底

麝香來自麝科動物，成熟的雄鹿在他的腰腹下方，有一個香腺，產生的乾燥分泌物，有濃厚的香氣，很受歡迎。在世界的歷史上，世界各地都有用麝香或是類似的哺乳動物，像是小兔，靈貓或河狸的分泌物來自製作香水。但如今因為動物保育，麝香多已禁用。

還有一種是白麝香，是屬於植物版的麝香，香氣比較清爽以及乾淨，沒有動物性的騷味，像是洗完澡後，少女在浴缸裝滿香水，然後浸泡於裡面。你想想，一個擁有浴缸的女孩，會想著什麼呢？在她成為女人之前，她或許做更多的夢，在香水池裡，她可以想像海，有小兔子在旁游泳，有小鹿游累了，停在她的手背上歇息，女孩可以自己拿取試管與香水瓶，調整自己想要擁有的味道，淡一點，濃一點，女孩有自己湯底的自主權。

如今變成女人的你，回到浴缸裡，還是一樣會做夢嗎？在愛情裡面，沖洗個熱水澡，隔絕男人，藉由泡一回麝香澡，回到你的少女時代。你是靜香，而大雄的任意門失效，不用允許任何人進入你的水域哩，浴缸裡的此時此刻，你可以放鬆姿勢，重新為自己調整味道。

若你仍在工作上突破創新，多放膽嘗試吧，最濃郁的成果，就是藉由你的試管試探出來的，人生裡面，你不用成為獵人，也不需要被狩獵。因為妳自己就能夠自給自足，只要你擁有足夠的勇氣，你也能創造一片森林，並在裡頭尋找到心目中的鹿王與鹿后。

香草‧‧夢中天空

每一分鐘，美滿的故事都有可能改變。

香草是西洋巫婆夢寐以求的逸品，藉由採綠色的新鮮豆莢，就能獲得迷幻，誘惑以及勾引迷茫之人的香味。一個人若迷失在潛意識裡，就有可能像全面啟動的電影一般，不斷陷落到夢的另外一層，一層一層之陷阱理頭，找不到真正的自己。

香草是魔力之草，是誘惑之草，也是性愛之草，但也有一定的藥用功效，端看運用的人是否能適度運用與調配。有時候，只是一支平凡的香草冰淇淋，有時候，卻又會成為魔幻的巫婆毒湯，只要小小喝一口，就會進入虛虛實實的恍惚狀態裡。

你有看過由湯姆克魯斯，潘尼諾普克魯茲以及卡麥蓉狄亞主演的香草天空嗎？

兩千年初，流行著 Y2K 風格，當時他們都好年輕。電影裡，富二代大衛藉由與心理醫師的對話，進行交錯的虛實回憶，原來發生了一場車禍，改變了姣好面貌，以及人生。

香草天空，是莫內的一幅名畫，香草色的天空，就像是夢，太過美好。真實卻是一針見血，大衛藉由內心的自我辯證，試圖留存在美好的夢中與潛意識裡，但最後卻發現，毀壞的面部，早已生於內心。

愛裡頭總是有許多魔幻的香草天空，搓破泡泡與幻想吧，真正的愛是踏實的，即使做了一個升遷的夢，醒來的時候，也要務實的實現跨年寫下的實現事項，然後一步步完成它，人生就是一階一階的階梯，才能通往實心的理想，若活在軟綿綿的香草天空裡，一不小心，只會摔落到現實谷底，自取滅亡。

檀香．老樹女巫

老山檀、新山檀，從印度、印尼到非洲，檀香與神祕總化不開。

檀香原產於印度邁索爾地區，與沉香不同，沉香是樹受傷後結出來的香，檀香則是山檀本來的木香。檀木是半寄生的植物，需要跟其他的植物依附生長在一起，一般人會將含油量不高的外皮去掉，只留下木芯。但即使是去除的外皮，香氣仍然十分地香。若把檀木橫斷剖面來看，外層比較偏黃白色，顏色較淺，內圈則是深紅色，是含油量更高品質，可以製作出更好的檀香。若是一棵老樹，那他的核心就會是年歲積累下來的油脂，香氣極其濃郁。印度邁索爾的老山檀，就像是一個充滿法力的入口，呼喚各方的薩滿巫師與女巫前來取香。

那些巫師來自太平洋島國，從東加王國、從汶萊、從西澳地區，每個地方都有自己的檀香，但他們最終越過斯里蘭卡，來到印度，去見識老樹女巫的法力，吸納檀香的迷人威力。生結指的是從新鮮成活的樹取下的檀香，熟結則是從死透的老樹取下的香，無論哪一種，取之根部，濃厚的精油，都可以讓香氣的巫術發揮的淋漓盡致。

我們的一生都在自然裡搜索答案，懊悔的告解、難過的往事，事情都會被記錄在檀木的年輪上，然後化為塵土，與飄盪的香。

你有追隨的信仰嗎？有時候，鋌而走險去冒險，尋求一點危險的解藥，也能達到你的目的，愛情裡不需要打安全牌。印度深山裡的女巫，用一縷縷檀香輕煙召喚你前往，準備好開啟一段尋找自己的冒險。人生裡頭遇到卡關的時候，靈修也好，深山冥想也好，讓樹香佔據你的心肺，你會發現，古老的訓斥與人生道理，可以參考，也可以昇華，端看你的迷信程度能有多深。

馬告：眉清目秀的肉慾

馬告這張牌是牌組裡面少見的男生牌。

馬告是泰雅語，就是山胡椒，台灣常見的香料植物，原住民稱之為山林裡的黑珍珠，他擁有複合的香氣，黑胡椒、檸檬、香茅、薑混雜在一起，在溪邊馬告植物晃動的樣子，像山羌轉動的雙耳，或是獼猴搔動的小手。

馬告未成熟之前是綠色的，成熟後，取下曬乾，會變成黑褐色的，表皮比起黑胡椒更光滑，常常用來提升食物的香氣。像是準備打虎的武松，每天在山林裡練拳，留下的汗水。所有的慾望都是清新鮮活的，靜靜膨脹的血管，蔓延在手臂上。像一個西北雨下過的午後，整片山都濕透了，武松收起手套，撥開筆筒樹的葉子，向你走來。那就是馬告眉清目秀的氣味。

有一點放鬆，可以隨意一點，南島上面，對上眼可能是一些靈感，可能是一點點肉慾，一切都剛剛好，你可以享受歡愉，同時間展現最自然的樣子。性愛明明可以很美好、很享受。但對象要是小鮮肉，要有紳士的品格，健壯的肌肉以及堅挺的臂膀，還有能逗你歡欣的心意。抽到這張牌，你擁有對男生的主動權。

愛情不需要假裝，有時候只是陳舊的老的困住你太久。你需要一些清秀的刺激，需要被野性的愛，被當作山林女神。人生撒上一點馬告，在溪谷裡跳舞，讓清澈的溪水親吮妳的腳趾，事業上，你有絕對的能動性。老虎也是貓咪，將內心的武松召喚出來，女生比男生更勇猛，把玩老虎的尾巴，朝向權威不需要低頭，宜宣示自己的力量。

苔蘚・調香師

苔蘚小小的，卻披覆佔據著世界的表層。

苔蘚有很多種，他沒有維管束，也沒有真正的根莖葉，不透過種子而是透過孢子來繁殖，苔蘚就像是一座小小的微觀森林。當把你縮小到三千分之一的尺度的時候，你就能進入苔蘚建構的自然之中。

苔蘚就是迷裡版的生態系，裡面充滿了能量與生機，因為苔蘚沒有維管束輸送水分，他無法長得高大，而且精卵也需要透過水來結合，大多的苔蘚喜歡生活在水邊，與潮濕的石縫間，他們有多種形態，扁平狀到直立狀，透過不同的地域呈現他們的族群樣貌。在極地、荒漠、谷地與沼澤，其實都能看見他們的蹤跡，畢竟，他們是最早一批定居陸地上的植物，透過光合作用，建構整顆地球的生態系基礎。

就像是一個隱藏的調香師，透過燒杯打造香的生態系。調香師柔軟的調整香氣組合，創造出一種新的氣味，或感覺。你有時候聞香而不察覺，調香師無所不能的魔法，就藏匿在香的味道之中。

苔蘚無法巨大，他只能真實、坦然，看見什麼就是什麼，聞到什麼就感覺什麼。有點像是裸體，追著香氣散發的地方奔跑。真實就是坦誠相見，愛情裡不用猜忌，你對我柔軟，我也對你好。人生不需要太複雜的組成與隱喻，經營工作與人際時，用最貼合自己形象的面貌面對他人，無須隱藏，視線直視，是現在的你最適合與人的相處模式。

蛇麻草：轉化內心的惡魔

蛇麻草是多年生草本植物，有一個特點是有倒刺，葉子對生，長滿細毛。

蛇麻草雌雄異株，若要製作精油的話，會取下雌花毬果作為原料，蛇麻草的毬果也稱作啤酒花，釀造啤酒的過程用的到。蛇麻草是激進的植物，他喜歡攀爬，穿越其他植物，像是植物界裡的毒蛇，也像是野狼，為了生長佔據別人的領地，覆蓋住其他遮掩路途的障礙。

蛇麻草帶著蝦殼的腥騷，味道非常強烈。一般人難以忍受，但其實，蛇麻草在危險與強烈之下，唯有遇到真正的知音，像是玫瑰，才能相伴出他野生的性感。蛇麻草攀爬尋找，或許是不允許自己困在當下，時時提醒自己，自己魅力在眼前，需要挖掘出來。

你是否生活在假性的親密關係裡，看起來事情都普通安好，還過得去，但事實上，真正的你隱藏起來，你覺得被絆住，被枷鎖與腳鍊綁住了，到目前為止的人生裡頭，你覺得每個人或多或少都有對不起妳之處。

你踮起腳看看，其實所有的束縛都是鬆的，圍繞住你的事愛與生命的提醒，你必須直直面對自己的孤獨與焦慮，學著辨識善意的提醒，然後重新開展你的野性與勇氣，跳起舞來，你不該被自己困住，感受自己的存在與性感，在每一段關係裡面。

飛鳥都離開牢籠奔向天空。蛇麻草要找到他的玫瑰，你也要前進，前往那個讓自己發亮的地方。

沈香．冰山下的真實自我

沉香是瑞香科的樹木，受到損傷後的修復過程，只有這種樹木如此特別，損傷後，樹木的油脂與其他的凝聚物質會凝結起來，留下結香。可以說是受傷後，珍貴的結痂。因此沉香並不是木頭本身，而是樹包覆傷口的油脂。

會有如此現象，是因為沉香木的樹種，含有一種真菌寄生組織，端看樹受傷的緯度，溫度，土壤條件，甚至是雷擊或暴雨不同的受創原因，感染的不同真菌，會影響沉香的香味。沉香的產生，是因為樹不同境遇的創傷，而因此有了不同的香韻。

有時候你就像冰山美人，雖然表面上還算和氣，內心卻很虛無。你內心的冷感是來自於能量的耗費，你常常輸出太多的自己，為了應付表面關係，你已經用盡力氣。反而剩下一個人獨處時，你以為水底下空無一物，其實是沉重的情緒積累於下，已經把你細緻溫暖的一面，壓蓋住了。

就是因為幾次愛情不同境遇的受傷，讓你畏怯了，讓你以為自己不再值得愛自己，接納別人的愛。因此你冷了下來。有時候，時間是最好的朋友。你其實正在凝結一種如沉香的結痂，那是創傷後才會生成的東西。成長就是受傷後癒合，成為新的自己，那些沉重的過去不會消失，但會成為你身上能夠轉化的力量。

記住，現在的你也是真實的自己，拼拼貼貼，還是你。

人生不太簡單。但因為你受過傷、你發冷過，你知道，你也能重拾溫暖的能力，找到平衡，記得療傷，不需要過度努力、過度輸出，只要能在人生的路上療癒自己，獨處的時候也能自在，將雪藏的核心喚醒。即使目前的妳是冰山美人，妳想要的話，也能融化自己。

玫瑰草：山的允許

光著腳，或許有點刺痛，你在山中前行，刺破你小指頭的野草，或許正是玫瑰草。

別看他名字那麼動聽，其實玫瑰草就是一種草，野草的一種，主要生長在印度、馬達加斯加與巴西，他屬於禾本科香茅屬，在山上，長得高的話，會擋住全部的路途，以及通往的方向，也會把三分之四的你都藏起來。他的葉片細而長，可以找到兩公尺長。但雖然前面說他的樣子像雜草，他卻富含許多的芳香因子，跟花皇后玫瑰一樣。他擁有香氣秀氣一點的因子：沉香醇與橙花醇，聞起來也像極了玫瑰，因此擁有這樣動聽的名字。

在古老傳統的印度醫學中，若村落有人發燒或感染不明疾病，醫者通常會上山採玫瑰草為病人治療，只有得到山的允許，採集得到玫瑰草，病人才有機會存活。

他擁有殺菌以期溫順療癒的功能，守護著登山者的生命。若進入一座山，路途被遮掩，就下山吧，只有得到山的允許，你才能親近玫瑰般的香味。

或許現在的你充滿病感，生活感到病懨懨缺乏動力，你不妨詢問山的近況，赤腳走進被允許的地方。生活或感情受挫的時候，點幾滴玫瑰草精油，療癒自己，找回自己最原始的力量，是你現在最重要的功課。山是你要克服的課題，玫瑰草是輔助力量，正在山中搖曳，你要走出去，即使是一步也好，離開房間，你會得到世界的包容與愛。

記得感到不舒服的時候，要適時允許自己鬆軟，允許別人照顧自己，重要他人是你的玫瑰草，你其實也是別人的玫瑰草，可以的！好好存活，會再度找到失去的力量。

矢車菊：討好的小丑

矢車菊是花期長的花朵，若在秋天微涼的時節播種，隔年春天便會迎來美麗的矢車菊花。矢車菊天然的顏色是特別的淡藍色，像好幾朵小小百合組合成風車、或是車輪的外觀，他們不喜歡潮濕高溫，涼爽、乾燥、還有足夠充足的陽光，總能夠讓花開的夠久。

由於花期長，在歐洲到日本，都常見為觀賞用花壇裡頭的花，也可以作為切花妝點家裡。他是德國與愛沙尼亞的國花，象徵日耳曼人民簡樸又樂觀的生活形式。不像盎格魯撒克遜人，也不像維京人，矢車菊就像是日耳曼人一般，捨去浪漫，更為務實，擁有服務精神。

但生活與相處並不是工作，你不應該成為別人人生裡頭的工具人。總是強顏歡笑，委屈著自己，還不斷道歉。泡一杯咖啡給自己喝，在新月的夜晚，放一些輕鬆的歌，給自己一個舒服的時刻活著。

在愛情裡，放下你習慣的溫柔討好，兩個人在一起，平等是重要的準則，你們都是獨立的個體，你也可以做自己。工作上，不需要扛下那些同事厚著臉皮交付的事情。既然你是溫柔的人，也要懂得溫柔的拒絕。

在德國，矢車菊象徵的是尊嚴，也是德國的皇帝之花。你並不需要把自己當成小丑，拿出勇氣，你是小小但有志氣的矢車菊，我們來做自己的皇后。

維吉尼亞菸草・雙人舞

名字是維吉尼亞，確實是在北卡羅來納、南卡羅來納，與維吉尼亞州的土地上種出來的，但事實上，他源於更為古老的中南美洲，維吉尼亞只是作為一種歷史的銘記，記錄下這一種經濟作物，人們並不欣賞他小小細細的粉紅花蕊，主要是覬覦肥厚的葉片製成煙斗用菸草。

煙斗要求燒的慢的菸草，維吉尼亞卻燃燒的極快，若沒有掌握好的節奏，帶甜的菸味一下就散盡，這種菸草含有醇以及天然糖分，因此一般人抽的時候，常常會訝異他淡淡的甜香，能有點雅緻的氛圍。

就像你落入異國的旅行，走進過時的街道，開車古董跑車穿梭時光暫時停滯的古巴。你看著窗外的馬車，馬蹄聲達達而過，你握緊你的草編圓帽，現在是兜風的時刻，適合抽一點維吉尼亞菸草。

維吉尼亞只找投合的人。節奏要對，像雙人舞，音樂一下，節拍在幾個閃神間流逝而過，享受吧！錯步是人生，台客也可以，有煙嗓的外國人也可以，重點是，你也有自己雅痞的酷樣子，對的人在對的時間降臨，你們會勇往直前，而非雙頭馬車。

愛情記得選擇你也愛，他也懂的那一種感情，事業上，投合的老闆同事，比工作本身更為重要，好的關係氛圍更可以讓你自在延展自己，使你面對職場問題時，能游刃有餘的前行。

像維吉尼亞菸草把自己烘乾，將油滑的外表與香甜的氣質保留下來，且愈放愈香，像酒一樣。

綠茶：喜歡裡沒有應該

台灣丘陵到高山，都是亮晶晶的茶葉。這座島以茶聞名，懂茶、品茶，是當代藝術家的基本本領。

你有見過小葉綠蟬嗎？他另外一個名字很好聽：小綠浮塵子。三到四公分，小小的身軀卻有大大的刺吸口器。遍佈茶園，他享受過的地方，茶葉的葉綠素會消失，變得委屈又蜷曲，萎縮使得外觀賣相不好。但吸食過後的茶，卻又產生了奇妙的化學變化，多兒酚、兒茶素乃至咖啡因都增加。

綠茶這種茶的精髓，就在於不過度發酵下，經過幾道工序：殺青、揉稔、乾燥，待白毫脫落，不用火焙，保留了小葉綠蟬遺留下的好元素，兒茶素有強大的抗氧化能力，還保留最多的茶多酚以及咖啡因、維生素等有機的活性物質。生茶健康又沒有多做加工，廣受台灣品茗界人士喜愛。

有時候，清淡晃動的茶湯，古典溫潤的淡黃之水，跟美女調香師也十分相襯，提煉茶味進入香氣中，總有一種感受台灣高山的清涼氛圍。在竹林之中，有一小屋坐著一位書生、他放下筆，一邊喝茶、一邊撥弄古箏，讓整片茶的山坡都發出清爽的聲響。

喜歡是一種感覺，沒有誰應該配合或接受誰，在茶室裡面，對坐品茶，營造關心的氛圍，最後能走到彼此內心，還是需要情投意合。綠茶婊是過時的名詞，真正喜歡的心意永不過時，若愛上，勇敢追，若不喜歡了，拋往腦後。

綠茶是破壞最少的茶，你需要他的能量。

喝杯茶，看風景，沒有什麼事情難得倒你。

可可：放縱儀式

可可是一種能量植物。

跟現在經過歐洲人加工的精緻巧克力不一樣，我們要回到源頭，回到三千年之前的南美洲，當時的馬雅人已經懂得運用可可。

他們種植可可樹、收穫可可豆，並將可可豆烘乾碾碎，用來儀式的祭祀與以及狩獵用途。可可有寬闊的葉，粉色的花萼，能長到十五公尺高。一般來說可可果實成熟需要四到六個月，約在每年十到十二月採收。當可可果實達到十五至三十公分，便可收穫並發酵，等待內部變成紅棕色，便可切開果實，取出裡面的可可豆。

南美洲瓜地馬拉山上，就有年長的耆老，薩滿仍會舉辦可可儀式。透過一群人圍坐，進行精神療癒、能量交換與互動，達到自己內心與大自然的連結。

可可儀式中使用南美原生的可可，極為苦澀，用熱水熬煮過後，可以在加入辛香料與糖，透過分享與傳遞可可，達成與自己深度的療癒。

世界那麼大，地球就是遊樂場。記得別太拘謹，該放開內心的時候就大膽放，或許無法前往南美參加可可儀式，你也可以給自己舉辦一場熱可可與巧克力之夜，放縱地吃，溫熱喉頭、溫暖自己的子宮。

抽到這張牌，就是要你放開拘謹模樣，愛情中與其等待他下班回來，不如自己上街與姐妹相聚。工作上要與日常取得平衡，適度工作、常常旅行，記得，你生來就是要在這顆美妙的星球好好玩樂。給自己一點自由自在的時光，不管禮數好好放縱，才符合古馬雅的可可精神。

茉莉‧‧嫦娥靈藥

在仰光街頭、或是加爾各答的牆角，常常不經意憋見雪白的茉莉花，是小巧一至三公尺的灌木植物，常見花蕊呈現雙瓣型態，枝幹接著小小葉片，小葉片托起雪白的花蕊，這是茉莉，有魔力的盛開在熱帶與亞熱帶的田園與街頭裡。

茉莉花的花語是清純而忠貞，是玲瓏而迷人，她是代表愛情的花朵，也是友誼之花。即使如此，在月球只有玉兔陪伴的嫦娥，卻無法傳遞自己的心情給在地球的后羿。

她只好移情別戀，請玉兔去探聽天天砍樹的吳剛，有沒有空與他來場友誼之約。沒想到吳剛就是個只會日日鋸木的木頭。寂寞的嫦娥只好與玉兔在月球的宮中調製香水，藉由味道想念自己性感的狀態。

有一朵美麗的茉莉花，這首存在於地球的民謠，也常常從嫦娥的口中唱出。偶爾看著體態精實的吳剛，她也會調製誘惑之香，請玉兔不小心翻倒在吳剛桂樹下。

月球那麼遙遠，想做的事情很多，且偶爾孤獨。妳或許像嫦娥一樣，偶爾三心二意，有時候喜歡一件事，轉眼間又發現別的東西比較好玩。沒關係，都去嘗試吧，人生只有一次，只要將玉兔帶在身邊，還有摘下幾朵茉莉花，去勾引這個世界，用你的自信去誘惑大地，去旅行、去學習愛，並享受旅行中的孤獨。

你不需要在愛情中自怨自憐獨守空閨，像嫦娥一樣製造一些頑皮的驚喜，對家人也是一樣，偶爾不按牌理，他們會注意到，往常地忽略是不該，而非珍惜。

記得你自己是自己的靈藥，讓自己發亮，再伸出愛情與友誼之手。

蓮花．．粉紅高頻

夏日是祭典的日子，穿著浴衣的少女，在河川旁迎接花火，一切青春的美好光景正在展開。

蓮花是多年生草本出水植物，又稱作荷花。常常會有人把蓮與莫內的睡蓮搞混，事實上兩種植物的親緣關係相差很遠，睡蓮靜靜躺在水面上，水波與漣漪影響花朵與葉片搖曳。荷花則是從水底拔地而起，圓滾滾波浪形的葉片深出水面，若下起雨來，水珠掉到葉片上，並不駐足，則是保持水滴模樣，直到滑落湖底。

過去古人說蓮出淤泥而不染，現在蓮讓人想起青春期的過往，下課鐘聲想起，教室一樓的水池邊荷花綻放，摸著胸口跳動的心，還有初發育的身體感受，一切潔淨，頻率高亢，牽起閨蜜死黨的手，往福利社去。

天使正在降臨吧，所有的感情都被湊合著，儘管還不明白愛或不愛。暑假進行到一半，煙火在荒島對岸盛放，妳想起青春期那場遞交實體情書的告白，「回去再看，不用急著下決定。」妳說，手心微微冒著汗。你想起那天在民宿的浴室裡，脫掉泳衣沐浴，讓蓮蓬頭得水柱沖淋自己粉紅色的身軀，那時候你就像蓮花一樣，花苞在炎炎夏日一夕之間展開。

現在的妳長大了，反而少了國中畢業夏天那種對所有事情滿心期待的心意。記得自己曾經是一朵穿出水面的蓮花。愛情偶爾需要一點新的悸動，找個晚上去公路兜風，或是久違的夜唱，然後吃早晨的阜杭豆漿。天使都還在祝福著你，抬頭看，蓮葉鼓動，你的精神、你的元氣，應像一朵蓮花一樣，青春猖狂。

天竺葵．．英倫紳士

竺葵原生古老大陸的南非，後來一艘來自歐洲的船駛過好望角，將天竺葵種子帶回荷蘭的萊頓植物園，並廣而栽植，現在世界各地的花園都能瞧見。

天竺葵花蕊小小的，每朵花有五瓣，花聚集成傘狀，有不同的變化形狀，星星或漏斗，顏色各式各樣，從白到黑，紅到黃，天竺葵的花色豐富多樣。幼株的時候為草本，成熟老化後會變成半木質化，也常見於窗台的長盆裡，由互生腎型或掌狀的葉片烘托著。

花朵、葉子與枝幹經由蒸汽萃取出來，呈現淡綠色的精油，很優雅，像極了英倫紳士，他的氣味也是淡綠色，像是跟紳士聊天氣，也能夠聊的舒服而安心。天竺葵能舒緩緊張、抵抗憂鬱並讓曬傷或感染的皮膚再生，可以說是無微不至、功效良多的的呵護大使。

都已經是女權時代了，還需要溫暖工具情人嗎？有時候，如果想做個撒嬌的小女孩，也可以放膽製造生活的麻煩。戀愛裡頭，妳對感情的掌握與縮放，是最重要的，偶爾堅強、偶而也尋求依賴，才會讓男人感覺被需要、擁有存在感。

這張牌是這副植物塔羅牌中少有的男性牌，他告訴你，依偎與照顧的交互本能，仍然存在。你是女強人的時候很有魅力，但你若碰到像天竺葵一般的情人，你可以用撒嬌作為攻勢，折服淪陷他！別想太多，他會慢慢展開天鵝絨鋸齒狀的葉片，並發出淡淡的幽香，那代表他已無法用冷酷還擊，讓他展現照顧能力，好好呵護妳。

岩蘭草：心理師

岩蘭草是固著大地的植物，別看他露出來的草葉像是一般雜草，岩蘭草的根正悄悄在地下呈現網狀生長。

岩蘭草屬於禾本科多年生植物，耐酷熱與乾旱，是生命力強大的一種固土草，種下去約十週左右，就可以生長60公分，若是栽種超過一年，根甚至能往土裡下鑽三到四公尺。剛開始長出細根的時候，是白又軟的模樣，接著會轉換成淡黃色與褐色，帶有濃郁、沉穩且木質的香氣，受到調香師的喜愛。岩蘭草的根往土裡扎根很深，能在地質脆弱之處協助水土保持，以及維護土壤的穩定，好像帶有守護大地的屬性一樣，抓牢土地，讓其他生命站穩腳跟，展開生活。

有時候你獨自生活在黝暗之中，苦苦撐著，不知不覺就生了病，你需要一些專業人士的溫暖協助與療癒。或許寵物、小黑狗能夠陪著你，卻無法與你對話，傾聽你的難處並給你適切的回饋。

你需要找到生命的心理師，像岩蘭草一樣，幫助你抓穩流失的土壤，抱住你掉落的心，心理師的作用就是打開你的心，去探照你內心的迷宮。當你迷路時，他不會給妳指引，只會讓你透過真實的面對自我，找到出口。

或許在迷宮之中，你會找到一面清澈且會說實話的鏡子，不僅能夠映照你的內心，也能夠給妳新的觀點與刺激。讓你了解到，面對愛情、家庭，你可以在關係裡頭保持一點距離。你可以站遠一點，岩蘭草心理師幫你牢牢抓住了領地，你要細心觀察伴侶、家人的日常作息與卡住的地方，你會找到解決方案，在一個安心廣闊的土表上。

一切都會沒事的。

風

按摩耳朵
原始的飛行
先存在
或是
先振動
同時
所有意義
都連結一體

牌意解釋

究竟是小鳥振晃翅膀，引發了效應，或是無來由之處，引起了波瀾？沒關係，就順順著滑翔吧，出發才抵達、飛起來才會降落，有貪吃的覓食才會有新生命的誕生，不經意的採集竟有所託付。生命滋長的的聲音妳聽清楚了嗎？人與自然都和諧了連結在一起，他吹奏一首生疏的曲子送給你，你用耳朵接受，讓那些跳動的心意按摩你的耳朵、你的後頸，自然而然，接受這萬千大地上精彩的餽贈吧，因為你值得這世界的所有關懷，你也可以拋出妳愛，所有的意義都連結在一起，用皮膚感受他，輕輕柔柔的撫過。用一口小聲的氣音，一吹，再讓大地帶走妳的善意，傳給下一個，也被愛著、攜帶者的人或動物。

水

滋潤雙眼
清潔所有鏡面
顯映與相信
是兩回事
閉眼後顯映的
必要相信

牌意解釋

雨季突然的大雨，妳來不及躲藏至終點，只好找到鄰近無人的塔廟裡躲雨。你放下出租的電動車，撥整浸濕的頭髮。無故的棲留，或許都有神的旨意。你張開雙眼，端看眼前肅穆又溫暖的佛像，你閉眼睛，凝望自己，大雨短暫製作了湖泊，顯影目前的妳。別怕，一切都是暫時的，但要知道，一切都有緣故、都是累積。下一場大雨將會再來，你紛亂的內心也會被水花打穿。但別怕，乘著水氣抬起頭看向遠方烏雲密度的天空，要有自信，保持信念，接著就是放晴以及從水窪升起的彩虹。

火

研究舌頭。

舌頭的能量
最強壯柔軟
最溫暖含藏
能沉。
沉到底，
就會發光。

牌意解釋

火舌從妳對視的瞳孔竄出。妳知道就是這一次了，你會願意為這份感情葬身也在所不惜。妳們接吻，親吻的時候伸出舌頭，用水份與燃燒的心意探索彼此的過去與未來。感受溫度，感受到這個人的脈絡，閉上眼睛好好地感受呀，妳正在全心全意地親吻，且願意為未來赴湯蹈火。這份愛或許會化為平凡，但火焰不捻熄，從年輕到老，愛會灼燒、會烹煮、會慢燉，就這樣，沉沉靜靜地燒著，最後留下亮晶晶的小結晶。愛吧，女人，你僅有的這一生，從那愛意的火舌點燃開始，不止於緩慢溫暖的溫燒裡。

十

享受呼吸
空間的擴張
空間的收縮
是空與空之間的遊戲
縱橫其中
地玩吧。

牌意解釋

想像自己是種在地上的植物，伸長妳探索的根，別怕，深入黑暗的土壤之中，放膽去玩、去探索，密實一點的土壤，使勁衝過去。鬆散的砂層，輕輕遊走在其中，人生在世，保持輕鬆玩樂的心情迎接每個堅硬的挑戰，就是人生的意義。跟土地玩耍吧，誕生，活在著空蕩蕩的的世界上，若走時也是空蕩蕩的，不如豪擲年歲，擴張自己，盡情呼吸。你是你自己的花、的草、的葉片，你是如此柔軟又堅強的一株。

書名：植物塔羅指南 Guide for Perfumer Fang Fang's
Botanica Tarot
作者：陳議威
編輯：古乃方
美術排版/封面設計：戴于軒
元素小詩創作：小令
出版：苔蘚文化有限公司
地址：新竹縣竹北市十興里勝利六街98號1樓
裝訂方式：平裝
初版：2023年9月
塔羅牌合售定價：新台幣1200元

ISBN 978-626-95494-1-2

國家圖書館出版品預行編目(CIP)資料

植物塔羅指南 = Guide for perfumer Fang Fang ′s botanica tarot / 陳議威作. -- 初版. -- 新竹縣竹北市 :苔蘚文化有限公司, 2023.09
面； 公分
ISBN 978-626-95494-1-2(平裝)

1.CST: 占卜

292.96 112014812

EAU DE PARFANG